THE BIG BOOK

PIANO · VOCAL · GUITAR

GERMAN SONGS

ISBN 978-1-4234-6265-1

HAL•LEONARD®
CORPORATION
7777 W. BLUEMOUND RD. P.O. BOX 13819 MILWAUKEE, WI 53213

In Australia Contact:
Hal Leonard Australia Pty. Ltd.
4 Lentara Court
Cheltenham, Victoria, 3192 Australia
Email: ausadmin@halleonard.com.au

Visit Hal Leonard Online at
www.halleonard.com

CONTENTS

ABENDS, WILL ICH SCHLAFEN GEH'N
(Evening Prayer)
from HANSEL AND GRETEL

German words by ADELHEID WETTE
Music by ENGELBERT HUMPERDINCK

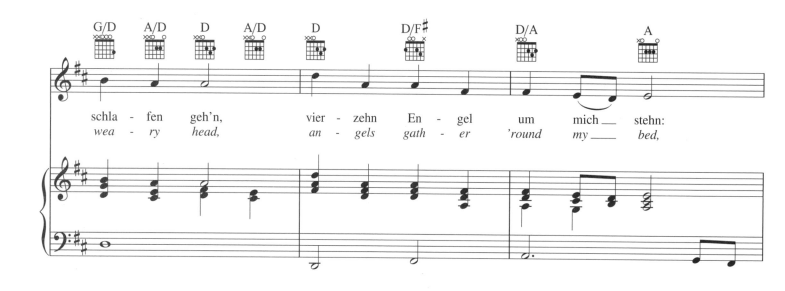

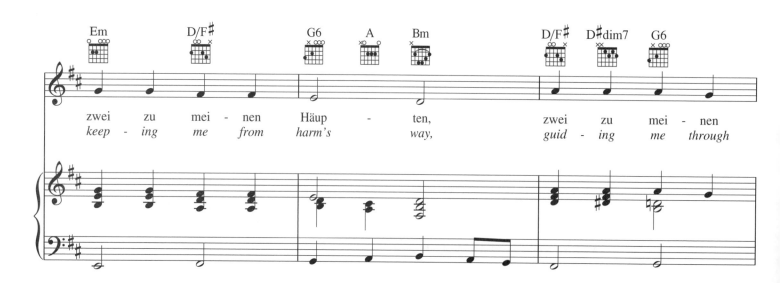

ABER HEIDSCHI BUMBEIDSCHI

Bohemian Folksong

Moderately slow

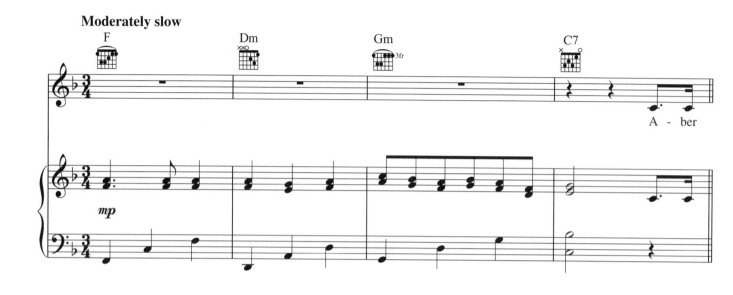

A - ber

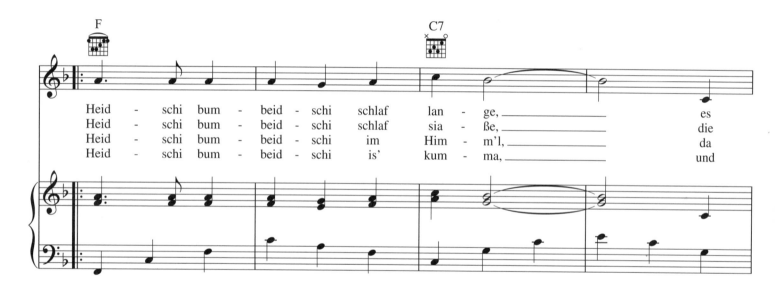

Heid - schi bum - beid - schi schlaf lan - ge, _____ es
Heid - schi bum - beid - schi schlaf sia - ße, _____ die
Heid - schi bum - beid - schi im Him - m'l, _____ da
Heid - schi bum - beid - schi is' kum - ma, _____ und

ist ja dein Muat - ter aus - gan - ge, _____ sie
En - ge - lein las - s'n di' gria - ße, _____ sie
fahrt die a schnee - weiß - er Schim - m'l, _____ drauf
hat ma mei Bia - ble mit - g'num - ma, _____ er

ABSCHIED VOM WALDE

Words by JOSEPH VON EICHENDORFF
Music by FELIX MENDELSSOHN

ACH, DU LIEBER AUGUSTIN

German Folksong

BIST DU BEI MIR
(You Are With Me)

By GOTTFRIED HEINRICH STÖLZEL
(previously attributed to J.S. Bach)

Andante

Bist du bei
You are with

mir, geh' ich mit Freu - den zum Ster - ben
me, my joy for - ev - er un - til my

und zu mei - ner Ruh', zum Ster - ben und zu mei - ner Ruh'.
death and un - to my rest, un - til my death and un - to rest.

Bist du_ bei_ mir, geh' ich mit Freu - den zum Ster - ben_
*You are_ with_ me, my joy for - ev - er un - til_ my_*

und zu mei - ner_ Ruh', zum_____ Ster - ben und zu mei - ner Ruh'.
death and un - to my rest, un - til my death and un - to rest.

Ach, wie ver - gnügt wär' so mein En - de, es drück - ten_
*Oh, how con - tent all of my earth - ly days, and at_ the_*

dei - ne schö - nen_ Hän - de mir_____ die ge-treu - en Au - gen zu.
end will your_ warm and lov - ing hand reach to_ gent - ly___ close my eyes.

AN DER SCHÖNEN, BLAUEN DONAU
(On the Beautiful Blue Danube)

By JOHANN STRAUSS, JR.

Introduction
Tempo di Valse

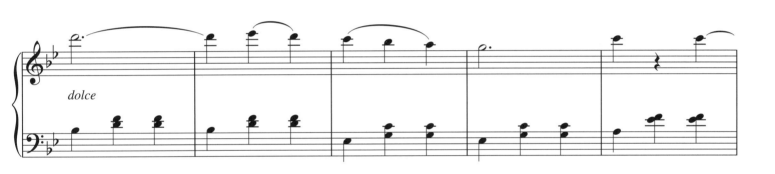

3.

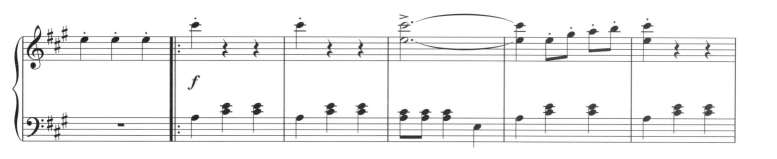

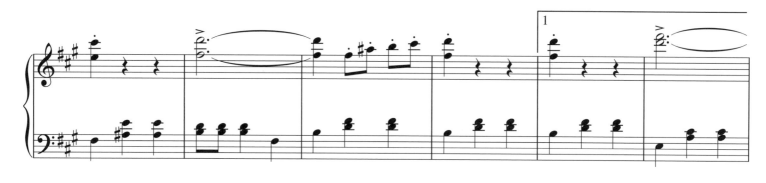

Coda

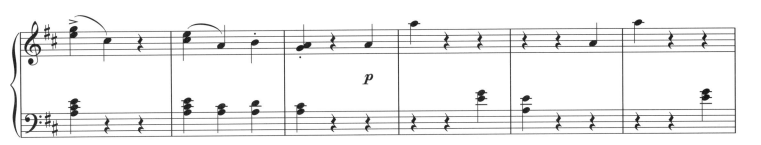

24

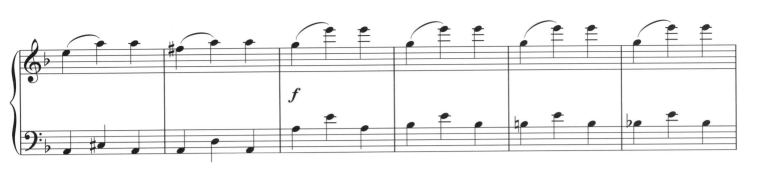

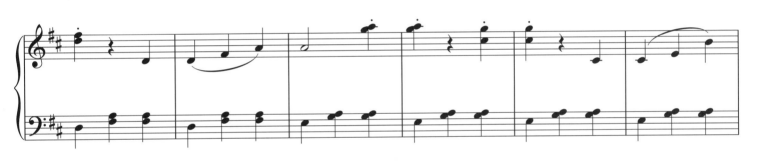

ÄNNCHEN VON THARAU

Words by SIMON DACH
Music by FRIEDRICH SILCHER

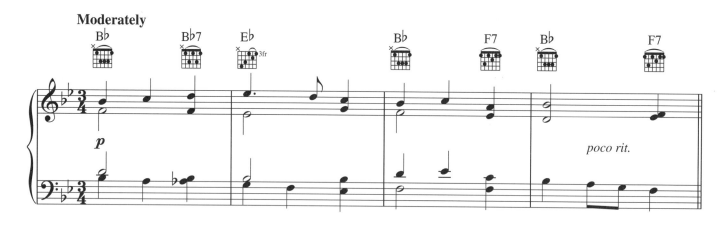

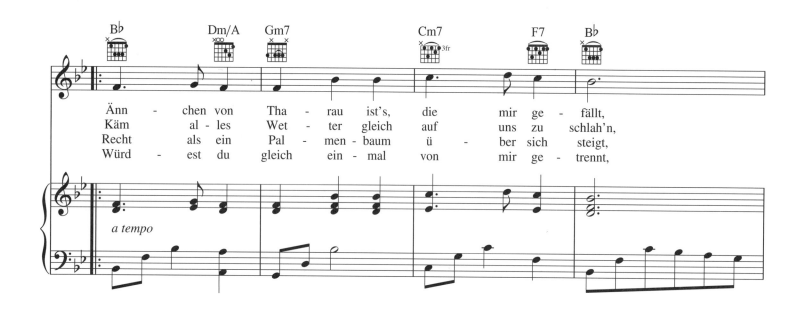

Änn - chen von Tha - rau ist's, die mir ge - fällt,
Käm al - les Wet - ter gleich auf uns zu schlah'n,
Recht als ein Pal - men - baum ü - ber sich steigt,
Würd - est du gleich ein - mal von mir ge - trennt,

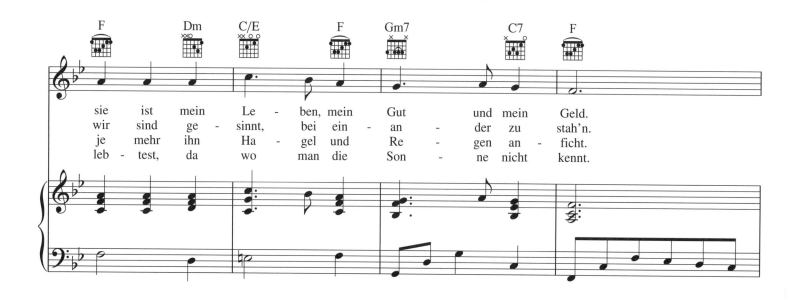

sie ist mein Le - ben, mein Gut und mein Geld.
wir sind ge - sinnt, bei ein - an - der zu stah'n.
je mehr ihn Ha - gel und Re - gen an - ficht.
leb - test, da wo man die Son - ne nicht kennt.

AUF DE SCHWÄB'SCHE EISEBAHNE

Swabian Folksong

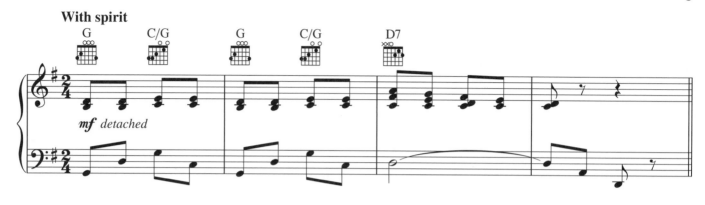

1. Auf de schwäb'-sche Ei - se - bah - ne gibt's gar vie - le Halt - sta - tio - ne:
2. Auf de schwäb'-sche Ei - se - bah - ne gibt's au vie - le Re - stra - tio - ne,
3.-12. *(See additional lyrics)*

Schtua - gart, Ulm und Bi - be - rach, Mek - ke - beu - re, Dur - les - bach.
wo mer ess' und trin - ka ka', äl - les, was der Ma - ga mag.

Additional Lyrics

3. Auf de schwäb'sche Eisebahne
dürfet Küh' und Ochse fahre.
Buebe, Mädle, Weib und Ma,
kurzum älls, was zahla ka.
All

4. Wenn e Glöckle tut erklinge,
tän glei älle z'samma springe.
Älles, was e Karte hot,
möcht jetzt mit dem Bahnzug fort.
All

5. Männer, die im G'sicht ganz bärtig,
schreiet laut: "Jetzt ist es fertig."
Springet in die Wage nei,
machet Löchle in d'Karte nei.
All

6. Auf de schwäb'sche Eisebahne
wollt emol e Bäuerle fahre,
geht en d'Kass' und lupft de Hut:
"E Billettle, send so gut!"
All

7. Einen Bock hat er gekaufet
und daß er ihm net entlaufet,
bindet ihn der gute Ma,
hinte an de Wage na.
All

8. "Böckle, tu no wacker springe,
z'fresse werd i dir scho bringe."
Also schwätzt der gute Ma',
zündt' sei Maserpfeifle a'.
All

9. Als der Zug no wieder staut,
d'r Bauer noch sei'm Böckle schaut,
find't er bloß no Kopf und Seil
an dem hintre Wageteil.
All

10. 's packt de Baure a Baurezore,
nimmt die Geißbock bei de Hore,
schmeißt en, was er schmeiße ka,
dem Kondukteur an d' Aura na.
All

11. Des isch des Lied von sellem Baure,
der de Geißbock hat verlaure.
Geißbock und sei traurigs End':
Himmel Schtuegart Sapperment.
All

12. So jetzt wär des Leidle g'songe,
hot's euch reacht in d' Aure klonge,
stoßet mit de Gläser a',
aufs Wohl der schwäb'sche Eisebah'.
All

AVE MARIA

German words by ADAM STORCK
Music by FRANZ SCHUBERT

schla - fen si - cher bis zum Mor - gen, ob Men - schen noch so grau - sam sind. O

Jung - frau sieh der Jung-frau Sor - gen, o Mut - ter, hör ein bit - tend Kind!

A - ve Ma - ri - a!

A - ve Ma - ri -

a! Un - be - fleckt! Wenn wir auf die-sen Fels hin-

sin - ken zum Schlaf, und uns dein Schutz be-

deckt, wird weich der har - te Fels uns

dün - ken. Du lä - chelst, Ro - sen düf - te we - hen in

36

Jung - frau wol - le hold _ dich nei - gen, dem

Kind, _ das für _ den Va - ter fleht! A - ve Ma - ri -

a!

BARBARA POLKA

Traditional

BIERWALZER
(Beer Waltz)

German Folksong

an die Gläser schlagen
(keep rhythm by striking glasses)

BRÜDERLEIN FEIN

Words by FERDINAND RAIMUND
Musc by JOSEF DRECHSLER

Brü - der-lein fein,
Brü - der-lein fein,
Brü - der-lein fein,

Brü - der - lein fein, mußt mir ja nicht bö - se ___ sein.
Brü - der - lein fein, sag mir nur, was fällt ___ dir ___ ein?
Brü - der - lein fein, zärt - lich muß ge - schie - den ___ sein.

Brü - der - lein fein, Brü - der - lein fein, mußt nicht bö - se
Brü - der - lein fein, Brü - der - lein fein, sag, was fällt dir
Brü - der - lein fein, Brü - der - lein fein, 's muß ge - schie - den

CLARINET POLKA

Traditional

DANK SEI DIR, HERR
(Thanks Be to Thee)

By SIEGFRIED OCHS
(previously attributed to Handel)

Andante lento, ma non Adagio

Dank _____ sei dir,
Thanks _____ *be to*

Dank _____ sei dir,
{ opt. Herr, Dank _____
Thee, thanks _____ *be to*

Herr, du hast dein Volk mit dir ge-
Thee, Thou who has made Thy peo - ple

Siegfried Ochs (1858–1929) claimed to have discovered an aria by Handel, and to have made an arrangement of the piece, which was published and became well-known. Closer research has revealed that this is actually an original composition by Ochs.

führt, Is - ra - el hin durch das
free, all grate - ful thanks be to

Meer.
Thee.

con espressione

cresc.

sempre *f*

f

48

50

hin durch das Meer.
thanks be to Thee.

con espressione

DER VOGELFÄNGER BIN ICH JA

from THE MAGIC FLUTE

Words by EMANUEL SCHIKANEDER
Music by WOLFGANG AMADEUS MOZART

Der _ Vo - gel - fän - ger _
Vo - gel - fän - ger _
al - le Mäd - chen _

bin ich ja, stets _ lu - stig hei - ßa hop - sa - sa! Ich Vo - gel - fän - ger _
bin ich ja, stets _ lu - stig hei - ßa hop - sa - sa! Ich Vo - gel - fän - ger _
wä - ren mein, so _ tausch - te ich brav Zuk - ker ein. Die wel - che _ mir _ am

bin be - kannt bei Alt und Jung im gan - zen Land.
bin be - kannt bei Alt und Jung im gan - zen Land.
lieb - sten wär', der gäb' ich gleich den Zuk - ker her.

DAS EDELWEIß

Words by R. TEICHMANN (vv. 1-3)
and M. PEUSCHEL (v. 4)
Composer Unknown

1. Wer nennt mir je - ne Blu - me die al - lein   auf stei - ler
2. der   die mü - he - vol - le Bahn   nicht scheu - te,
3.,4. (See additional lyrics)

Alm   er - blüht im Son - nen - schein,   die schön - ste Zier - de uns - rer Al - pen-
trieb's   die stei - len Höhn hin - an,   er wuß - te wohl   dort fin - det er al-

weiß! _____ Es ist der Blu - men schön - ste die - ses Reis die Al - pen -
nicht! _____ Für's Lieb er freu - dig ei - ne Blu - me bricht, ein E - del -

kö - ni - gin heißt E - del - weiß! _____ Den Jüng - ling, weiß!
weiß, der Alm Ver - giss - mein - nicht! _____ "Mit Herz und

Additional Lyrics

3. "Mit Herz und Hand steh'n wir für's Alpenland."
So rufen alle die das schöne Band
der Freiheit innig fest umschlungen hält,
die gerne sterben für die Alpenwelt.
Die fest und treu wohl einig Hand in Hand
die Freiheit pflanzten in das Alpenland;
den Freien ward für ihrer Mühe Preis
der schönste Lohn, ein zartes Edelweiß,
der schönste Lohn, ein zartes Edelweiß!
Den Freien ward für ihrer Mühe Preis
der schönste Lohn, ein zartes Edelweiß!

4. Und wenn dan einst das Sterbeglöcklein tönt,
der Alpensohn sich mit dem Tod versöhnt,
spricht wehmutsvoll der Priester ein Gebet,
weil seine Seel' vor Gottes Throne steht.
Mit Blumen schmücket man sein kleines Haus,
zum Kirchhof trägt man weinend ihn hinaus,
und aus der treuen Freunde stillem Kreis
bringt jeder ihm das letzte Edelweiß;
bringt jeder ihm das letzte Edelweiß.
Und aus der treuen Freunde stillem Kreis
bringt jeder ihm das letzte Edelweiß.

DIE VÖGLEIN IM WALDE

19th Century Soldier Song

Mäd-chen ja zum lie-ben, ja zum lie-ben, a-ber hei-ra-ten nicht. Ach es
ist ja so schwer aus der Hei-mat zu gehn, wenn die Hoff-nung nicht
wär auf ein Wie-der-Wie-der-sehn. Le-be-wohl, le-be-wohl, le-be-
wohl, le-be-wohl, le-be-wohl auf Wie - der - sehn!

DER WASSERFALL

Tyrolean Folksong

Über Berg und Thal ist ein Was-ser-fall, } hol-di-
Was-ser rauscht, wo der Vo-gel plauscht, }

o hol-di-o-i ri-di-o, { dort steht in der Mit-ten ei-ne
{ wo die Gam-sen sprin-gen, fri-sche

DIE LORELEI

Words by HEINRICH HEINE
Music by FRIEDRICH SILCHER

DREI LILIEN

German Folksong

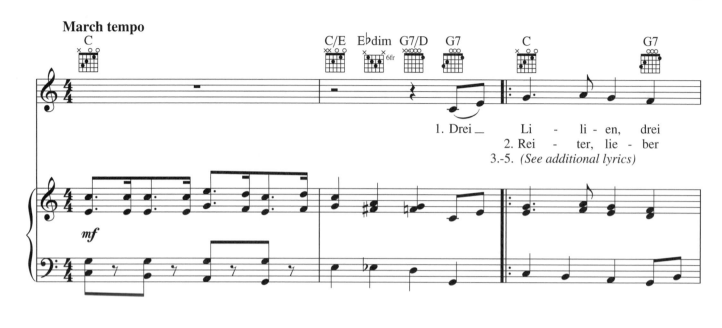

1. Drei Li - li - en, drei
2. Rei - ter, lie - ber
3.-5. *(See additional lyrics)*

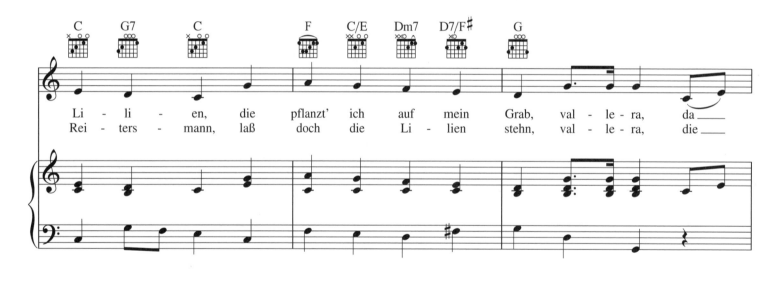

Li - li - en, die pflanzt' ich auf mein Grab, val - le - ra, da
Rei - ters - mann, laß doch die Li - lien stehn, val - le - ra, die

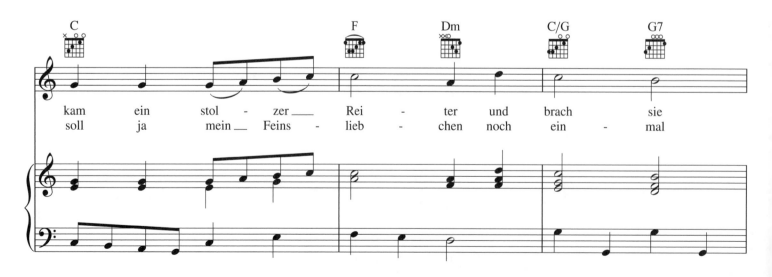

kam ein stol - zer Rei - ter und brach sie
soll ja mein Feins - lieb - chen noch ein - mal

Additional Lyrics

3. "Was kümmert mich dein Leibchen,
was kümmert mich dein Grab?
Ich bin ein stolzer Reiter
und brech sie ab.

Juviralerale, raleralera,
Juviralerale, rale, ralera,
Ich bin ein stolzer Reiter
und brech sie ab."

4. "Und sterbe ich noch heute,
so bin ich morgen tot,
dann begraben mich die Leute
ums Morgenrot.

Juviralerale, raleralera,
Juviralerale, rale, ralera,
dann begraben mich die Leute
ums Morgenrot."

5. "Ums Morgenrot, ums Morgenrot,
will ich begraben sein;
dann ist ja mein Feinsiebchen
so ganz allein!

Juviralerale, raleralera,
Juviralerale, rale, ralera,
dann ist ja mein Feinsiebchen
so ganz allein!"

DRUM MADEL, WINK, WINK, WINK
(Wenn wir marschieren)

German Folksong

DU, DU LIEGST MIR IM HERZEN

German Folksong

EIN HELLER UND EIN BATZEN

Words by ALBERT GRAF VON SCHLIPPENBACH
19th Century German Melody

EIN PROSIT DER GEMÜTLICHKEIT

German Drinking Song

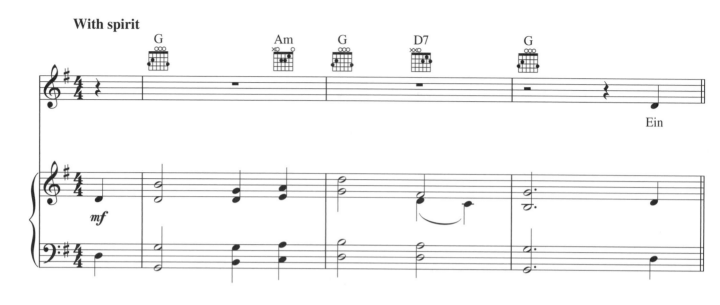

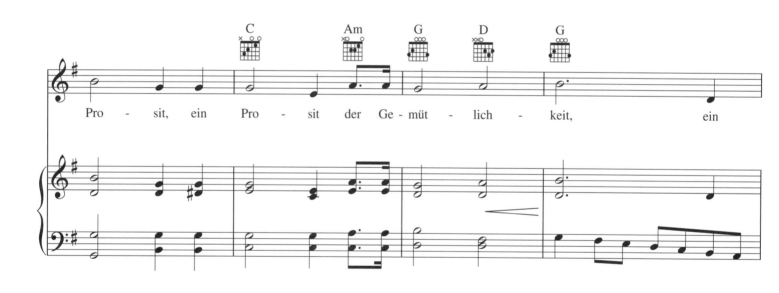

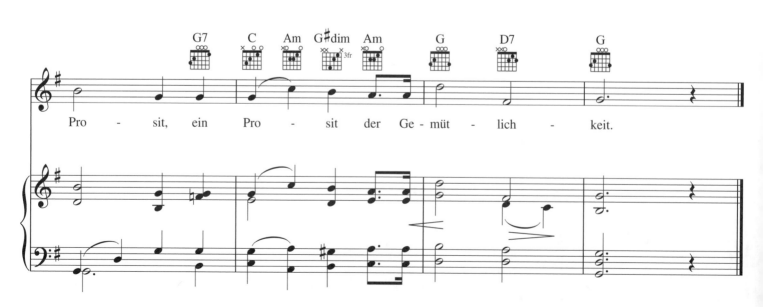

FREUT EUCH DES LEBENS

Words by JOHANN MARTIN USTERI
Music by HANS GEORG NÄGELI

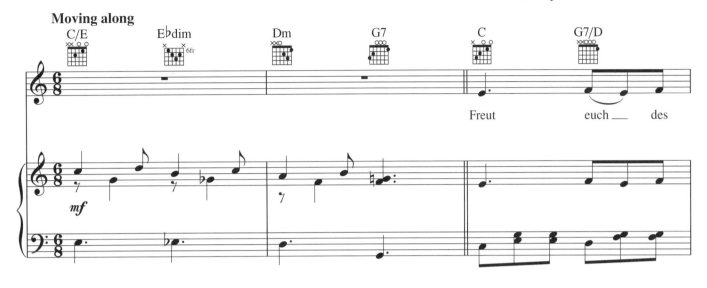

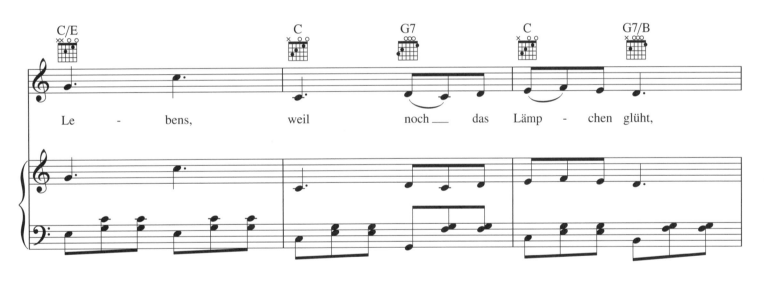

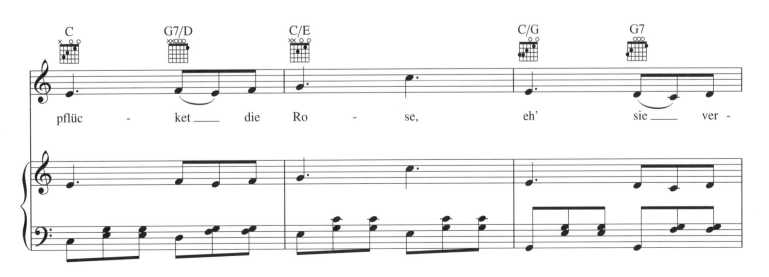

blüht! _____

1. Man schafft so gern' __ sich Sorg' und Müh', sucht
2. scheu die Schöp - fung sich ver - hüllt, und
3. Neid und Miß - gunst sorg - sam flieht und
4. Red - lich - keit __ und Treu - e übt und
5.-7. *(See additional lyrics)*

Dor - nen auf __ und fin - det sie und läßt das Veil - chen
laut der Don - ner ob uns brüllt, so lacht am A - bend
G'nüg - sam - keit __ im Gärt - chen zieht, dem schießt sie schnell zum
gern dem är - me - ren Bru - der gibt, bei dem baut sich Zu -

un - be - merkt, das uns _____ am We - ge
nach dem Sturm die Son - ne uns _____ so
Bäum - chen auf, das gold - ne Früch - te
frie - der - heit so gern _____ ihr Hütt - chen

Refrain

Freut euch __ des Le - bens, weil noch __ das Lämp - chen glüht, pflüc - ket __ die Ro - se, eh' sie __ ver - blüht! __

blüht.
schön.
trägt.
an.

Wenn
Wer
Wer

blüht! __

Additional Lyrics

5. Und wenn der Pfad sich furchtbar engt
und Mißgeschick und plagt und drängt,
so reicht die Freundschaft schwesterlich
dem Redlichen die Hand.
Refrain

6. Sie trocknet ihm die Tränen ab
und streut ihm Blumen bis ins Grab;
sie wandelt Nacht in Dämmerung
und Dämmerung in Licht.
Refrain

7. Sie ist des Lebens schönstes Band:
schlagt, Brüder, traulich Hand in Hand!
So wallt man froh, so wallt man leicht
ins bess're Vaterland.
Refrain

EINE SEEFAHRT, DIE IST LUSTIG

German Folksong

1. See - fahrt, die is lu - stig, ei - ne See - fahrt, die ist schön, denn da kann man frem - de
2. Bun - kers tief - sten Grün - den, zwi - schen Koh - len ganz ver - steckt, pennt der al - ler - faul - ste
3. rauf, mein Her - zens - jun - ge, komm mal rauf, du al - tes Schwein, nicht mal Koh - len kannst du
4. haut ihm vor'n _ Da - sel, daß er in die Koh - len fällt und die heil' - gen zwölf A -

5.-8. *(See additional lyrics)*

Län - der und noch man - ches and - re sehn.
Sto - ker, bis der O - bei - maat ihn weckt.
trim - men und ein Sto - ker willst do sein?
pos - tel für 'ne Räu - bei - ban - de hälf.

Hol - la - hi, _____ hol - la -

Additional Lyrics

5. Mit der Fleischback schwer beladen
schwankt der Seemann übers Deck,
doch das Fleisch ist voller Maden,
läuft ihm schon von selber weg.
Refrain

6. Und der Koch in der Kombüse,
diese vollgefressene Sau,
mit die Beene ins Gemüse,
mit die Arme im Kakau.
Refrain

7. Und die kleinen weißen Möwen,
die erfüllen ihren Zweck,
und sie stu stu stu
auf das frischgewaschne Deck.
Refrain

8. In der Heimat angekommen,
fängt ein neues Leben an,
eine Frau wird sich genommen,
Kinder bringt der Weihnachtsmann.
Refrain

EINIGKEIT UND RECHT UND FREIHEIT

Words by AUGUST HEINRICH HOFFMAN von FALLERSLEBEN
Music by FRANZ JOSEPH HAYDN

Ein - ig - keit und Recht und Frei - heit für das deut - sche Va - ter - land!

Da - nach lasst uns al - le stre - ben brü - der - lich mit

English Translation

Unity and right and freedom
For the German Fatherland,
For this let us all fraternally
Strive each with heart and hand.

Unity and right and freedom
Are the pledge of happiness.
Bloom in the splendor of this happiness,
Germany, our Fatherland.

ES RITTEN DREI REITER

German Folksong

FAHRET HIN, GRILLEN, GEHT

German Folksong

GAUDEAMUS IGITUR

Words by C.W. KINDLEBEN, 1781
Traditional Melody

Additional Lyrics

4. Vivat Akademia,
   Vivant Professores!
   Vivat membrum quodlibet,
   Vivat membra quælibet,
   Semper sint in flore!

5. Vivant omnes virgines,
   Faciles, formosæ!
   Vivant et mulieres,
   Teneræ, amabiles,
   Bonæ laboriosæ!

6. Vivat et Respublica
   Et qui illam regit!
   Vivat nostra civitas,
   Mæcenatum caritas,
   Quæ nos hic protegit!

7. Pereat tristitia,
   Pereant osores,
   Pereat diabolus,
   Quivis antiburschius
   Atque irrisores!

GROßMÜTTERCHEN

By G. LANGER

Moderate Waltz tempo

Groß - müt - ter-chen, Groß - müt - ter-chen sitzt am Fen - ster und sie lä - chelt leis. Groß - müt - ter-glück

macht jung den Blick, _ ist auch längst das Haar schnee - weiß: In Son - nen - gold

jauchzt hell und tollt durch den Park der En - kel blüh'n - de Schar. Groß - müt - ter-chen sitzt still und lugt, vor

GRÜßE AN DIE HEIMAT

Words and Music by
KARL KROMER

Nach der Hei - mat möcht ich wie - der, nach dem
Tä - ler, dei - ne Hö - hen, nach dei - ner
Schick - sal will es nim - mer, durch die

teu - ren Va - ter - ort, wo man singt die fro - hen
heil - gen Wäl - der ___ Grün, o die möcht ich wie - der
Weit ich wan - dern ___ muß. Trau - tes Heim, dein denk ich

HELENA POLKA

Traditional

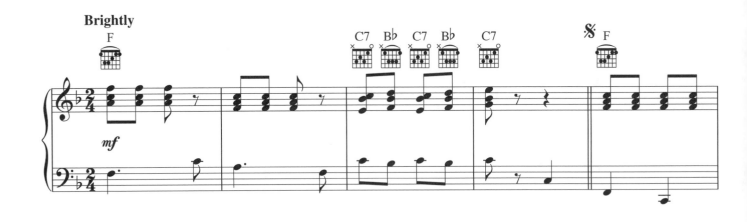

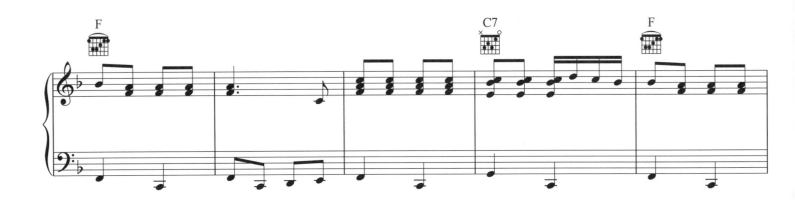

HOCH SOLL ER LEBEN

German Drinking Song

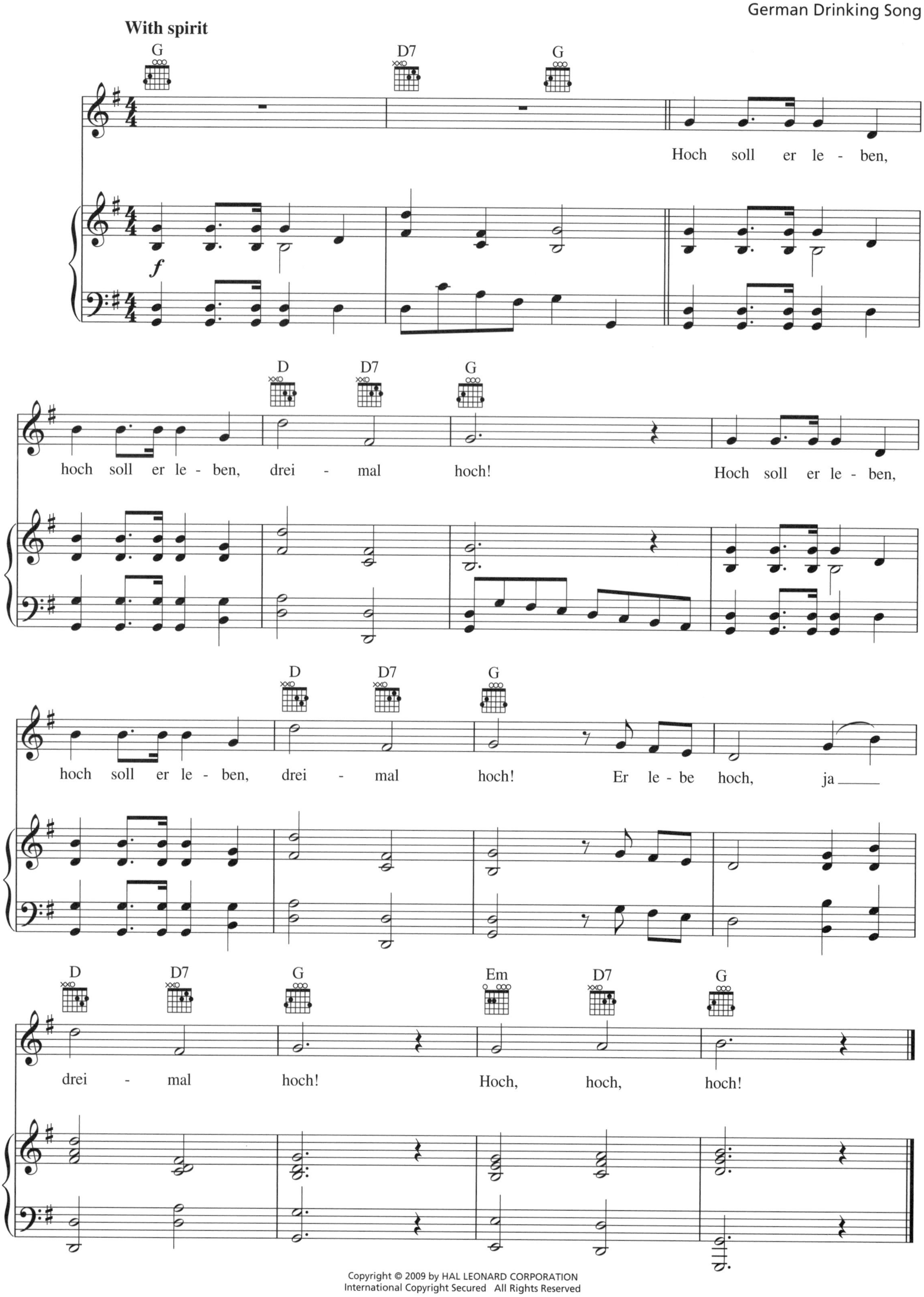

With spirit
G
D7
G
f
Hoch soll er le - ben,
D
D7
G
hoch soll er le - ben, drei - mal hoch!
Hoch soll er le - ben,
D
D7
G
hoch soll er le - ben, drei - mal hoch!
Er le - be hoch, ja
D
D7
G
Em
D7
G
drei - mal hoch!
Hoch, hoch, hoch!

ICH BIN EINE WITWE

Words by OTTO REUTER
Music by W. ALETTER

Mein Herz ist so trau - rig, mein
Mein er - ster hieß An - ton, mein

Kopf ist so schwer, ich hat - te zwei Män - ner und hab' sie nicht mehr. Ich
zwei - ter hieß Fritz, sie wa - ren nicht lan - ge in mei - nem Be - sitz. Der

G7   C   A#dim7   G

hab' sie be - gra - ben, o, denkt euch nur an. Nun bin ich ver - las - sen und
Fritz war so blaß und hat ster - ben ge - mußt, und An - ton war auch et - was

D7   G   G9   G7   C

hab' kei - nen Mann. Bin ein - und - zwan - zig, fesch und pa - tent,
schwach auf der Brust. Hab' an die bei - den gar oft schon ge - dacht,

p grazioso

G7   C   G7

ha - be zum Lie - ben sehr viel Ta - lent. Steh jetzt al - lein, o
manch - mal bei Ta - ge, stets in der Nacht. Jetzt bricht mein Her - ze

To Coda ⊕

C   Em   B7   Em   G7

Gott, welch ein Graus, ganz oh - ne Mann sein, das halt ich nicht aus. Ach!
vor Lie - be schier, und ich hab' kei - ne Ver - wen - dung da - für! Ach!

wer Cou - ra - ge hat, das wird mein drit - ter Mann.

drit - ter Mann.

ICH BIN EIN MUSIKANTE

Silesian Folksong

101

IM TIEFEN KELLER SITZ ICH HIER

Words by KARL MÜCHLER
Music by LUDWIG FISCHER

IMMER LANGSAM VORAN

German Folksong

Additional Lyrics

6. Herr Hauptmann, mein Hintermann geht immer so in Trab,
   Er tritt mir beinah' die Hinterhacken ab.
   Refrain

7. Du, Bartel, gib mir mal die Kümmelbulle her!
   Im Kreige, da durstet eenen gar zu sehr.
   Refrain

8. Ach, Himmel, wie wird's uns in Frankreich ergeh'n!
   Dan kann ja keene Seele das Deutsche versteh'n.
   Refrain

9. Reißt aus, reißt aus, reißt alle, alle aus!
   Dort steht ein französisches Schilderhaus.
   Refrain

10. Die Franzosen, die schießen so ins Blaue hinein;
    Sei bedenken nicht, daß da könnten Menschen sein.
    Refrain

11. Bei Leipzig in der großen Völkerschlacht,
    Da hätten wir beinah 'en Gefangenen gemacht.
    Refrain

12. Und als auf der Brucken eine Bombe geplatzt,
    Potz Wetter, wie sind wir da ausgekratzt!
    Refrain

13. Denn wenn so'n Beest am End eenen trifft,
    Hilft eenem der ganze Feldzug nischt.
    Refrain

14. Da lob ich mer so 'nen baier'schen Kloß,
    So'n Ding geht doch so leicht nicht los.
    Refrain

15. Jetzt, Bauern, kocht Knödel und Hirsebrei,
    Denn da ist unser Landsturm recht wacker dabei.
    Immer lustig voran, immer lustig voran,
    daß mer brav in die Knödel einhauen kann.

JULIDA POLKA

By A. GRILL

KOMMT A VOGERL GEFLOGEN

Words by CARL VON HOLTEI
Austrian Folk Melody

LIPPEN SCHWEIGEN
(The Merry Widow Waltz)
from THE MERRY WIDOW

Words by VICTOR LÉON and LEO STEIN
English Words by ADRIAN ROSS
Music by FRANZ LEHÁR

LUSTIG IST'S MATROSENLEB'N

Words by WILHELM GERHARD
Music by CHRISTIAN AUGUST POHLENZ

March tempo

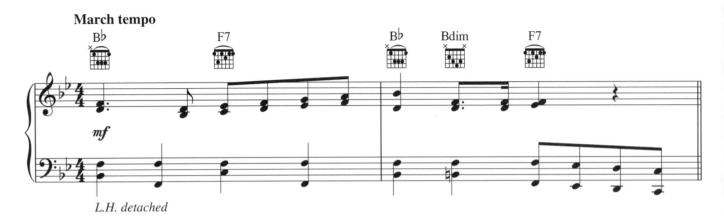

L.H. detached

Lus - tig ist's Ma - tro - sen - leb'n, hal - to - jo,
Hat das Se - gel Wind ge - faßt, hal - to - jo,
Eins, das macht mir viel Ver - druß, hal - to - jo,
Aus ist nun das See - manns - lied, hal - to - jo,

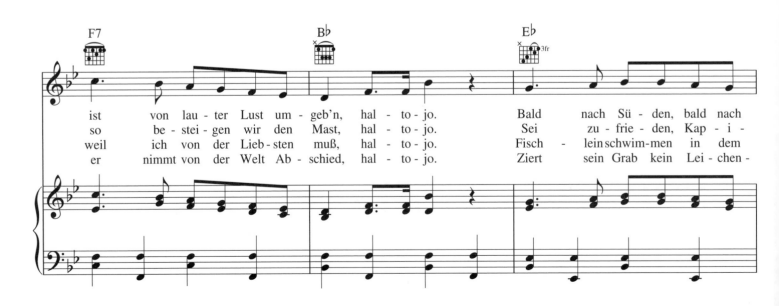

ist von lau - ter Lust um - geb'n, hal - to - jo. Bald nach Sü - den, bald nach
so be - stei - gen wir den Mast, hal - to - jo. Sei zu - frie - den, Kap - i -
weil ich von der Lieb - sten muß, hal - to - jo. Fisch - lein schwim - men in dem
er nimmt von der Welt Ab - schied, hal - to - jo. Ziert sein Grab kein Lei - chen -

JESUS BLEIBET MEINE FREUDE
(Jesu, Joy of Man's Desiring)
from CANTATA NO. 147

By JOHANN SEBASTIAN BACH

Trost ___ und ___ Saft,
Love ___ most ___ bright,

Je - sus weh - ret al - lem Lei - de,
Drawn by Thee, our souls as - pir - ing

er ist mei - nes Le - bens ___
soar to un - cre - at - ed ___

sicht.
throne.

poco rit.

MEIN HERR MARQUIS

from DIE FLEDERMAUS

Words by RICHARD GENÉE
Music by JOHANN STRAUSS JR.

Mein Herr Mar - quis, ein Mann wie Sie sollt' bes - ser
Mit dem Pro - fil im griech'- schen Stil be - schenk - te

das ver - steh'n! Da - rum ra - te ich,
mich Na - tur. Wenn nicht dies Ge - sicht

128

MEIN HUT, DER HAT DREI ECKEN

Words Anonymous
Melody by NICOLÒ PAGANINI

Mein Hut, der

hat drei Ec - ken, drei Ec - ken hat mein

Hut, _____ und hat er nicht _____ drei Ec - ken,

MEIN MÄDEL HAT EINEN ROSENMUND

German Folksong
Music by JOHANNES BRAHMS

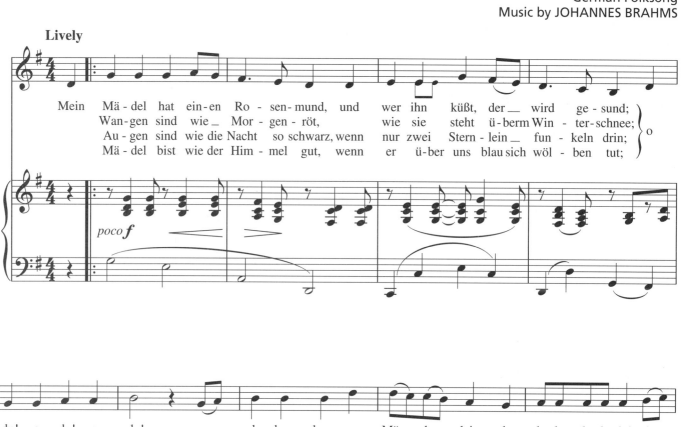

Mein Mä-del hat ein-en Ro-sen-mund, und wer ihn küßt, der __ wird ge-sund;
Wan-gen sind wie __ Mor-gen-röt, wie sie steht ü-berm Win-ter-schnee;
Au-gen sind wie die Nacht so schwarz, wenn nur zwei Stern-lein __ fun-keln drin;
Mä-del bist wie der Him-mel gut, wenn er ü-ber uns blau sich wöl-ben tut;

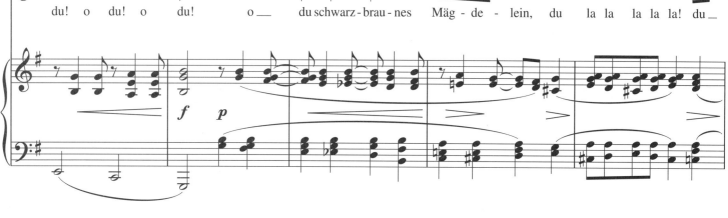

du! o du! o du! o __ du schwarz-brau-nes Mäg-de-lein, du la la la la la la! du __

la la la la la! du läßt __ mir kei-ne Ruh!

Die
Dein
Du

O WIE WOHL IST MIR AM ABEND

Words anonymous
19th Century German Round

MORGEN WILL MEIN SCHATZ VERREISEN

German Folksong

F   Dm/F   C/G   G7   C

Vö - gel, sing - en schon die Vö - gel in dem dun - kel - grü - nen Wald, (siehst du wohl).
schei - den, zwei Ver - lieb - te schei - den, da ver - wel - ken Laub und Gras, (siehst du wohl).
Au - gen, kommst mir aus den Au - gen, aus dem Her - zen kommst du nicht, (siehst du wohl).
Kum - mer, Lieb - chen macht mir Kum - mer, ob sie gleich die Schön - ste ist, (siehst du wohl).
fal - len, Lieb - chen zum Ge - fal - len, weil ich Ab - schied neh - men will, (siehst du wohl).

Ach, es

p

G7

ist ja so schwer, aus der Hei - mat zu gehn, wenn die Hoff - nung nicht wär' auf ein

C   F   Dm/F

Wie - der - Wie - der - sehn. Le - be - wohl, le - be - wohl, le - be - wohl, le - be - wohl, le - be -

mf   f   mf   f

C   G7   1-4   5
              C   C

wohl, auf Wie - der - sehn!   sehn!

MUß I DENN ZUM STÄDTELE HINAUS

Swabian Folksong

NUN ADE, DU MEIN LIEB' HEIMATLAND

Words by AUGUST DISSELHOFF
German Folk Melody

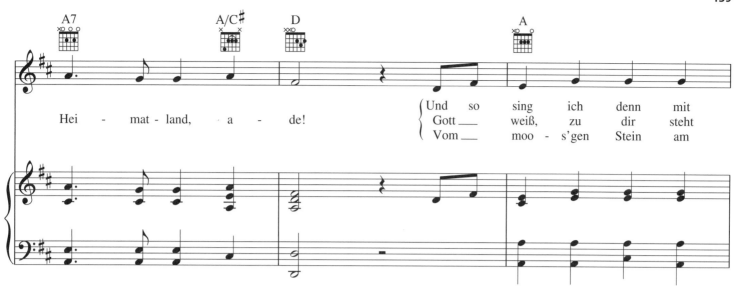

Hei - mat - land, a - de!
Und so sing ich denn mit
Gott __ weiß, zu dir steht
Vom __ moo - s'gen Stein am

fro - hem Mut, wie man sin - get, wenn man wan - dern tut,
stets mein Sinn, doch __ jetzt zieht mich's zur Fei - ne hin, } lieb' __
wald' - gen Tal, da __ grüß ich dich zum letz - ten Mal,

Hei - mat - land, a - de!
Wie du de!
Be -

O, DU SCHÖNER WESTERWALD

Music by JOSEF NEUHÄUSER,
based on a German Folksong

Wes - ter - wald, ja, da pfeift der Wind so kalt.
Freu - de macht, und das Herz im Lei - be lacht.
das nicht freut, sagt man, er hat kei - nen Scheid.

O, du schö - ner Wes - ter - wald,

ü - ber dei - ne Hö - nen pfeift der Wind *Pfiff!* so kalt, je - doch der klein - ste

Son - nen-schein dringt tief ins Herz hin - ein. ein.

O JESULEIN SÜß

from SCHMELLI GESANGBUCH

By JOHANN SEBASTIAN BACH

Gently

O Je - su - lein süß, o

Je - su - lein mild,

dein's Va - ters

dein's Va - ters

mit Freud' hast

Will'n hast du _____ er - füllt: bist

Zorn hast du _____ ge - stillt, du

du die Welt _____ er - füllt, du

O SUSANNA! WIE IST DAS LEBEN DOCH SO SCHÖN

German Folksong

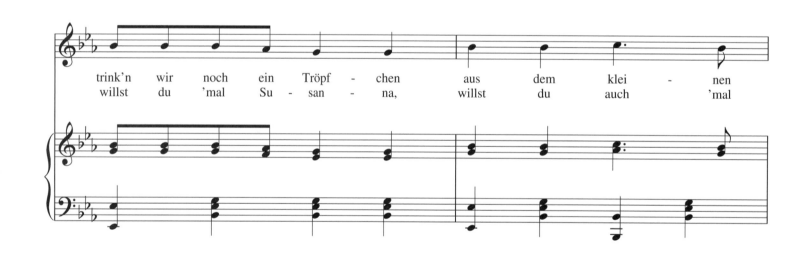

O TANNENBAUM

Words by HEINRICH ZARNACK (v.1)
and ERNST ANSCHÜTZ (v. 2, 3)
18th Century German Melody

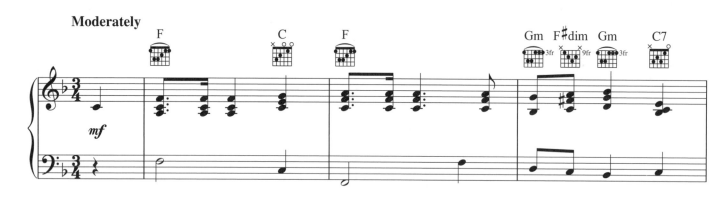

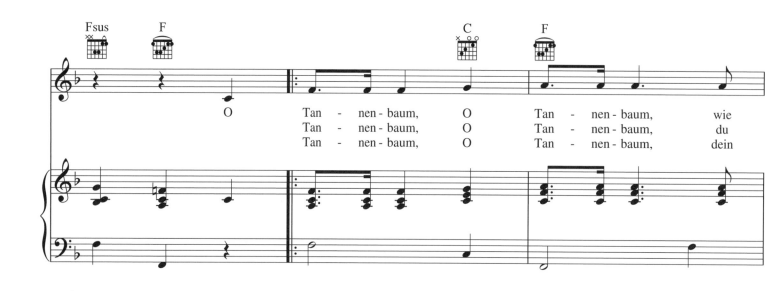

O
Tan - nen - baum, O Tan - nen - baum, wie
Tan - nen - baum, O Tan - nen - baum, du
Tan - nen - baum, O Tan - nen - baum, dein

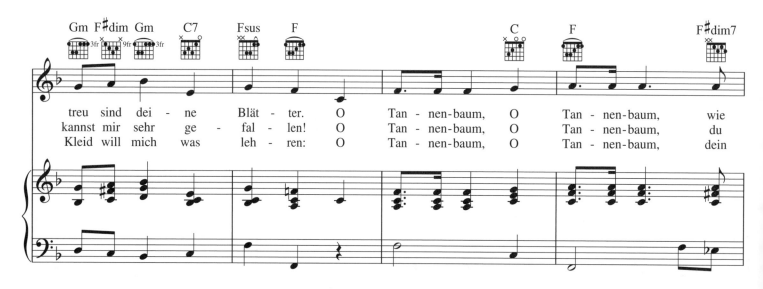

treu sind dei - ne Blät - ter. O Tan - nen-baum, O Tan - nen - baum, wie
kannst mir sehr ge - fal - len! O Tan - nen-baum, O Tan - nen - baum, du
Kleid will mich was leh - ren: O Tan - nen-baum, O Tan - nen - baum, dein

PIZZICATO POLKA

By JOHANN STRAUSS, JR.

150

SCHNITZELBANK

German Folksong

Additional Lyrics

2. Ei du schöne, ei du schöne,
   Ei du schöne Schnitzelbank.
   Ist das nicht ein Hin und Her?
   Ja, das ist ein Hin und Her.
   Ist das nicht eine Lichtputzschere?
   Ja, das ist eine Lichtputzschere.
   Lichtputzschere, Hin und Her,
   Kurz und lang un'er Schnitzelbank.

3. Ei du schöne, ei du schöne,
   Ei du schöne Schnitzelbank.
   Ist das nicht ein gold'ner Ring?
   Ja, das ist ein gold'ner Ring.
   Ist das nicht ein schönes Ding?
   Ja, das ist ein schönes Ding.
   Schönes Ding, gold'ner Ring, Lichtputzschere,
   Hin und Her, Kurz und lang un'er Schnitzelbank.

4. Ei du schöne, ei du schöne,
   Ei du schöne Schnitzelbank.
   Ist das nicht ein Krum und Grad?
   Ja, das ist ein Krum und Grad.
   Ist das nicht ein Wagenrad?
   Ja, das ist ein Wagenrad.
   Wagenrad, Krum und Grad,
   Schönes Ding, gold'ner Ring,
   Lichtputzschere, Hin und Her,
   Kurz und lang un'er Schnitzelbank.

5. Ei du schöne, ei du schöne,
   Ei du schöne Schnitzelbank.
   Ist das nicht ein Geisenbock?
   Ja, das ist ein Geisenbock.
   Ist das nicht ein Reifenrock?
   Ja, das ist ein Reifenrock.
   Reifenrock, Geisenbock, Wagenrad,
   Krum und Grad, Schönes Ding,
   Gold'ner Ring, Lichtputzschere, Hin und Her,
   Kurz und lang un'er Schnitzelbank.

6. Ei du schöne, ei du schöne,
   Ei du schöne Schnitzelbank.
   Ist das nicht eine gute Wurst?
   Ja, das ist eine gute Wurst.
   Ist das nicht ein großer Durst?
   Ja, das ist ein großer Durst.
   Großer Durst, gute Wurst,
   Reifenrock, Geisenbock, Wagenrad,
   Krum und Grad, Schönes Ding,
   Gold'ner Ring, Lichtputzschere, Hin und Her,
   Kurz und lang un'er Schnitzelbank.

SCHON DIE ABENDGLOCKEN KLANGEN

Words by JOHANN FRIEDRICH KIND
Music by CONRADIN KREUTZER

SCHÖN IST DIE JUGEND

German Folksong

SCHORSCHL, ACH KAUF MIR DOCH EIN AUTOMOBIL

(Polka)

By T.W. THURBAN

STÄNDCHEN
(Serenade)

Words by LUDWIG RELLSTAB
Music by FRANZ SCHUBERT

Hörst die Nach - ti - gal - len schla - gen? ach! sie fle - hen dich, mit der Tö - ne sü - ßen Kla - gen fle - hen sie für mich.

Sie ver-stehn des

Bu - sens Seh - nen, ken - nen Lie - bes-schmerz, ken - nen Lie - bes-

schmerz, rüh - ren mit den Sil - ber-tö - nen je - des wei - che

Herz, je - des wei - che Herz. Laß auch dir die Brust be-

we - gen, Lieb - chen, hö - re mich! be - bend harr_ ich

dir ent-ge - gen!   komm, _ be-glük - ke

mich!   komm, _ be-glük - ke mich, _____ be -

glük - ke   mich!

SCHWARZBRAUN IST DIE HASELNUß

German Folksong

SO LEBEN WIR

Words anonymous
"Dessau March," 1706

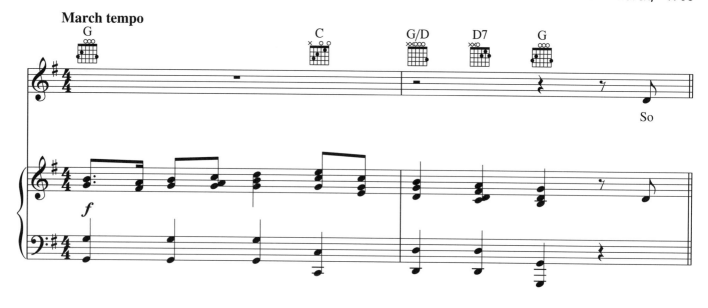

le - ben wir, so le - e - ben wir, so leb'n wir al - le Ta - ge

bei der al - ler schön - sten _____ Kneip Kom - pa - gnie. So

STILL WIE DIE NACHT
(Still as the Night)

Author Unknown
Music by KARL BÖHM

TINKER POLKA

Traditional

STILLE NACHT, HEILIGE NACHT
(Silent Night, Holy Night)

Words by JOSEPH MOHR
Music by FRANZ X. GRUBER

TRÄNEN HAB' ICH VIELE VIELE VERGOSSEN

Words by HOFFMANN VON FALLERSLEBEN
German Folksong Melody

179

VILJA LIED
from THE MERRY WIDOW

Words by VICTOR LÉON and LEO STEIN
Music by FRANZ LEHÁR

Es

Im Volkliedston vorgetragen

lebt' ei - ne Vil - ja, ein Wald - mäg - de - lein, ein
Wald - mägd - lein streck - te die Hand nach ihm aus und

Jä - ger er - schaut' sie im Fel - sen - ge - stein! Dem Bur - schen, dem
zog ihn hin - ein in ihr fel - si - ges Haus. Dem Bur - schen die

lein, fass' mich und lass' mich dein Traut - lieb - ster sein.

Vil - ja, o Vil - ja, was thust du mir an? Bang fleht ein

lieb - kran - ker Mann!

VIOLA, BAß UND GEIGEN

German Folksong

VON MEINEM BERGLI MUß ICH SCHEIDEN

Swiss Folksong

WARUM SOLLT' IM LEBEN

German Folksong

1. War - um sollt' im Le - ben ich nach
2. her - ben Zei - ten wohl den
3. Kel - ler lie - gen, mich ans
4.,5. *(See additional lyrics)*

Bier nicht stre - ben, war - um sollt' ich denn nicht manch - mal fröh - lich sein? Mei - nes
Wein auch mei - den, wenn es nicht ge - bricht am ed - len Ger - sten - bier; kann ja
Bier - faß schmie - gen, möcht' die Keh - le net - zen, vi - vat Bac - chus schrein. Möch - te

Le - bens Kür - ze al - ler - be - ste Wür - ze sind ja Ger - sten - saft ___ und der
al - les dul - den, scheu - e kei - ne Schul - den, lei - de ger - ne man - chen Spott da -
mich be - rau - schen, nicht mit Für - sten tau - schen und im Wah - ne selbst nicht Kö - nig

189

Additional Lyrics

4. Wenn mich Kummer drücket
Und das Schicksal tücket,
Wenn mich Amor fliehet und kein Mädchen liebt:
In der Trinkerhalle
Bei dem Bierpokale
Bleibt mein Herz doch ewig ungetrübt.

5. Darum, traute Brüder,
Singet froher Lieder,
Nehmt die vollen Gläser in die Hand und singt!
Lebt in Jubelfreuden,
Eh' von hier wir scheiden,
Eh' des Lebens gold'ne Sonne sinkt.

WEH, DAß WIR SCHEIDEN MÜSSEN

Words and Music by
JOHANNA KINKEL

Slowly, expressively

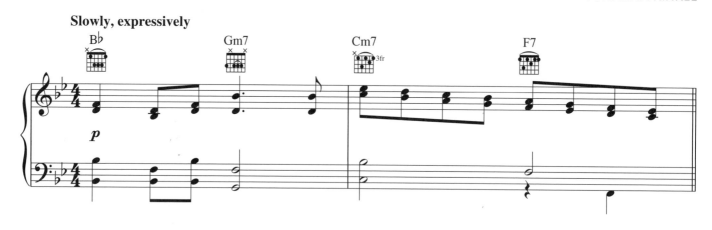

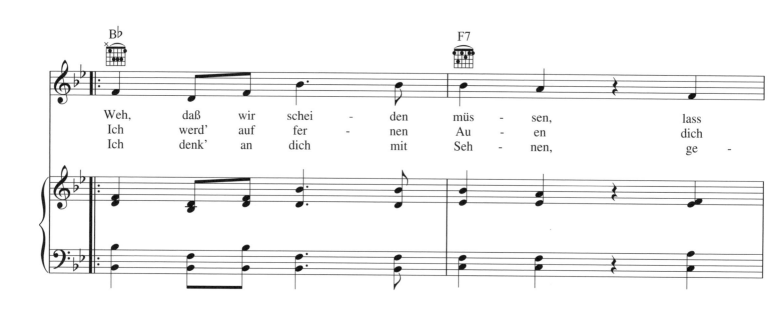

Weh, daß wir schei - den müs - sen, lass
Ich werd' auf fer - nen Au - en dich

dich noch ein - mal küs - sen, ich muss an Freun - des
nie - mals wie - der schau - en; der Fein - de grim - me
denk' an mich mit Trä - nen; wenn mei - ne Au - gen

E♭ C C7 F F7
Sei - ten für Recht und Treu - e strei - ten.
Scha - ren sind kom - men an - ge - fah - ren. Fahr'
bre - chen, will ich zu - letzt noch spre - chen:
B♭ B♭+ E♭
wohl, fahr' wohl, mein teu - res
B♭ F7 B♭ Cm/E♭ C7/E
Lieb, fahr' wohl, fahr' wohl, mein
B♭/F F7
1, 2
B♭
3
B♭
teu - res Lieb. Lieb.

WEIBERL, MEIN HERZLIEBES WEIBERL

Words and Music by
GUSTAV TIECK

194

WIEGENLIED
(Lullaby)

German words from *Des Knaben Wunderhorn*
Music by JOHANNES BRAHMS

Tenderly, with motion

Gu - ten A - bend, gut'
Lul - la - by and good -

Nacht, mit ____ Ro - sen be - dacht, ____ mit ____
night, with ____ ros - es be - dight, ____ with ____

Näg' - lein be - steckt, schlüpf' un - ter die Deck': mor - gen
lil - ies be - spread is ____ ba - by's wee bed; lay thee

198

WER DAS SCHEIDEN HAT ERFUNDEN

German Folksong

WIEN, DU STADT MEINER TRÄUME
(Vienna, City of My Dreams)

By RUDOLF SIECZYNSKI

Mein Herz und mein Sinn schwärmt stets nur für Wien, für Wien, wie es weint, wie es lacht, _____ da kenn ich mich

schö - nen Ort, da nähm' mei - ne Sehn - sucht kein

rit.

End' _____ Dann hört ich aus

pp *a tempo*

wei - ter Fer - ne ein Lied, _____ das

klingt _____ und singt, _____ das

cresc.

lieb - li - chen Mäd - chen geh'n. Wien, Wien, nur du al - lein sollst stets die Stadt mei - ner Träu - me sein, dort wo ich glück - lich und se - lig bin ist Wien, ist Wien, mein Wien.

p a tempo

f rit.

WIENER BLUT
(Vienna Life)

By JOHANN STRAUSS, JR.

Tempo di Valse

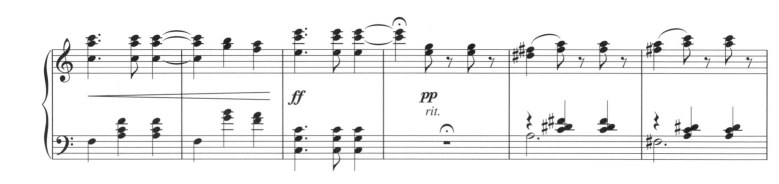

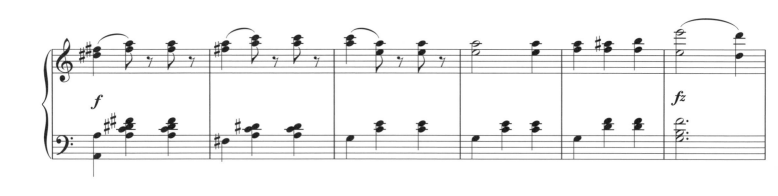

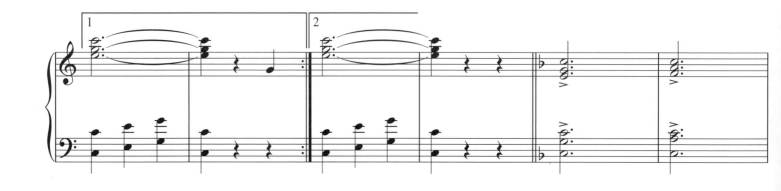

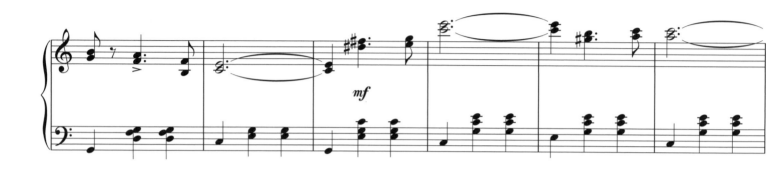

ZU LAUTERBACH

Bavarian Folksong

Zu

1. Lau - ter - bach hab i mein Strumpf ver - lorn,   oh - ne Strumpf
2. Lau - ter - bach hab i mein Herz ver - lorn,   oh - ne Herz
3. Va - ter, wann gibst mir denn's Hei - ma - tel,   Va - ter, wann
4.-7. *(See additional lyrics)*

gehn i net hoam,   jetzt gehn i halt wie - der auf
kann i net lebn.   Da muß i halt wie - der auf
laßt d'mirs ver - schreib'n?   'S Dean - dl wachst auf wie es

Additional Lyrics

4. Mei Dirndel hat schwarzbraune Äugele,
   Gar nett wie e Täuberl schauts her;
   Und Wann i beim Fenster an Schneppler tu,
   Dann kommt sie ganz freundli daher.

5. Jetzt hat' i mei Häuserl auf a Schneckerl baut,
   Kriecht mir das Schneckerl davon.
   Jetzt schaut mi mein Deandl ganz launi an,
   Daß i koa Häuserl mehr han.

6. Wenn i ins Zillertal eini geh,
   Ziehn i mei Pluderhosen an.
   Wenn i mei Deandl in d'Kirchen seh,
   Schaun i kein Heiligen mehr an.

7. Alleweil kann man net lusti sein,
   Alliweil kann man net woan.
   Das eini Mal geh' i zum Deandl aus,
   Das andere Mal bleib i dahoam.

ZU REGENSBURG AUF DER KIRCHTURMSPITZ

German Folksong

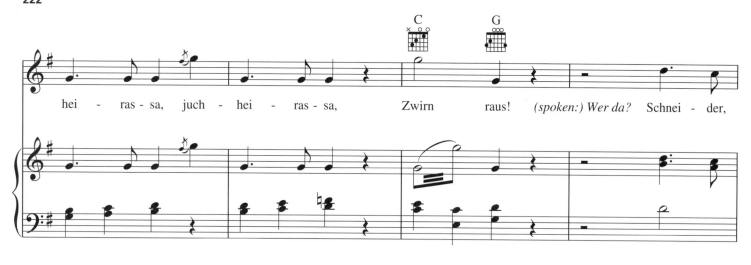

Additional Lyrics

5. Und als sie nun getanzet hatten,
   Da sah man sie nicht mehr.
   Da krochen ihrer neunzig,
   Ja neunmal neunundneunzig
   In eine Lichtputzscher.
   Refrain

6. Und als sie nun im Schlafen waren,
   Da knispelt eine Maus.
   Da schlüpften ihrer neunzig,
   Ja neunmal neunundneunzig
   Zum Schlüsselloch hinaus.
   Refrain

7. Und was ein rechter Schneider ist,
   Der wieget sieben Pfund.
   Und wenn er das nicht wiegen tut,
   Ja wia-wia-wiegend tut,
   Dann ist er nicht gesund.
   Refrain

BIG BOOKS of Music

Our "Big Books" feature big selections of popular titles under one cover, perfect for performing musicians, music aficionados or the serious hobbyist. All books are arranged for piano, voice, and guitar, and feature stay-open binding, so the books lie flat without breaking the spine.

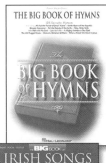

BIG BOOK OF BALLADS – 2ND ED.
62 songs.
00310485 .... $19.95

BIG BOOK OF BIG BAND HITS
84 songs.
00310701 .... $22.99

BIG BOOK OF BLUEGRASS SONGS
70 songs.
00311484 .... $19.95

BIG BOOK OF BLUES
80 songs.
00311843 .... $19.99

BIG BOOK OF BROADWAY
70 songs.
00311658 .... $22.99

BIG BOOK OF CHILDREN'S SONGS
55 songs.
00359261 .... $16.99

GREAT BIG BOOK OF CHILDREN'S SONGS
76 songs.
00310002 .... $15.99

BIG BOOK OF CHRISTMAS SONGS – 2ND ED.
126 songs.
00311520 .... $19.95

BIG BOOK OF CLASSICAL MUSIC
100 songs.
00310508 .... $19.99

BIG BOOK OF CONTEMPORARY CHRISTIAN FAVORITES – 3RD ED.
50 songs.
00312067 .... $21.99

BIG BOOK OF FOLKSONGS
125 songs.
00312549 .... $19.99

BIG BOOK OF FRENCH SONGS
70 songs.
00311154 .... $22.99

BIG BOOK OF GERMAN SONGS
78 songs.
00311816 .... $19.99

BIG BOOK OF GOSPEL SONGS
100 songs.
00310604 .... $19.95

BIG BOOK OF HYMNS
125 hymns.
00310510 .... $19.99

BIG BOOK OF IRISH SONGS
76 songs.
00310981 .... $19.99

BIG BOOK OF ITALIAN FAVORITES
80 songs.
00311185 .... $19.99

BIG BOOK OF JAZZ – 2ND ED.
75 songs.
00311557 .... $22.99

BIG BOOK OF LATIN AMERICAN SONGS
89 songs.
00311562 .... $19.95

BIG BOOK OF LOVE SONGS – 3RD. ED.
82 songs.
00257807 .... $22.99

BIG BOOK OF MOTOWN
84 songs.
00311061 .... $19.95

BIG BOOK OF NOSTALGIA
158 songs.
00310004 .... $24.99

BIG BOOK OF OLDIES
73 songs.
00310756 .... $19.95

THE BIG BOOK OF PRAISE & WORSHIP
52 songs.
00140795 .... $22.99

BIG BOOK OF RAGTIME PIANO
63 songs.
00311749 .... $19.95

BIG BOOK OF STANDARDS
86 songs.
00311667 .... $19.95

BIG BOOK OF SWING
84 songs.
00310359 .... $19.95

BIG BOOK OF TORCH SONGS – 2ND ED.
75 songs.
00310561 .... $19.99

BIG BOOK OF TV THEME SONGS
78 songs.
00310504 .... $19.95

BIG BOOK OF WEDDING MUSIC
77 songs.
00311567 .... $22.99

Prices, contents, and availability subject to change without notice.

Visit **www.halleonard.com**
for our entire catalog and to view our complete songlists.

Classic Collections Of Your Favorite Songs

arranged for piano, voice, and guitar

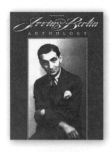

Irving Berlin Anthology

A comprehensive collection of 61 timeless songs with a bio, song background notes, and photos. Songs include: Always • Blue Skies • Cheek to Cheek • God Bless America • Marie • Puttin' on the Ritz • Steppin' Out with My Baby • There's No Business Like Show Business • White Christmas • (I Wonder Why?) You're Just in Love • and more.
00312493................................. $22.99

The Big Book of Standards

86 classics essential to any music library, including: April in Paris • Autumn in New York • Blue Skies • Cheek to Cheek • Heart and Soul • I Left My Heart in San Francisco • In the Mood • Isn't It Romantic? • Mona Lisa • Moon River • The Nearness of You • Out of Nowhere • Spanish Eyes • Star Dust • Stella by Starlight • That Old Black Magic • They Say It's Wonderful • What Now My Love • and more.
00311667................................. $19.95

The Definitive Broadway Collection – Second Edition

142 of the greatest show tunes compiled into one volume! Songs include: Don't Cry for Me Argentina • Edelweiss • Hello, Dolly! • I Could Have Danced All Night • I Dreamed a Dream • I Know Him So Well • Lullabye of Broadway • Mack the Knife • People • Send in the Clowns • Somewhere • Summertime • Sunrise, Sunset • Tomorrow • more.
00359570 .... $24.99

The Great American Songbook – The Composers

From Berlin to Gershwin to Carmichael to Cahn, this folio features a comprehensive collection of standards from the greatest American composers. Includes beloved standards such as: Ain't Misbehavin' • Cheek to Cheek • Don't Get Around Much Anymore • Moon River • and dozens more.
00311365................................. $24.99

The Great American Songbook – The Singers

Crooners, wailers, shouters, balladeers: some of our greatest pop vocalists have poured their hearts and souls into the musical gems of the Great American Songbook. This folio features 100 of these classics by Louis Armstrong, Tony Bennett, Rosemary Clooney, Nat "King" Cole, Bing Crosby, Doris Day, Ella Fitzgerald, Judy Garland, Dean Martin, Frank Sinatra, Barbra Streisand, Mel Tormé, and others.
00311433 .... $24.95

I'll Be Seeing You! – 2nd Edition

A salute to the music and memories of WWII, including a year-by-year chronology of events on the homefront, dozens of photos, and 50 radio favorites of the GIs and their families back home, including: Boogie Woogie Bugle Boy • Don't Sit Under the Apple Tree (With Anyone Else But Me) • I Don't Want to Walk Without You • I'll Be Seeing You • Moonlight in Vermont • There's a Star-Spangled Banner Waving Somewhere • You'd Be So Nice to Come Home To • and more.
00311698................................. $19.95

Lounge Music – 2nd Edition

Features over 50 top requests of the martini crowd: All the Way • Fever • I Write the Songs • Misty • Moon River • That's Amore (That's Love) • Yesterday • more.
00310193................................. $15.95

The Henry Mancini Collection

This superb collection includes 45 songs spanning Mancini's illustrious career: Baby Elephant Walk • Breakfast at Tiffany's • Charade • Days of Wine and Roses • Mr. Lucky • Moon River • Peter Gunn • The Pink Panther • A Shot in the Dark • The Thorn Birds • and more.
00313522 .... $19.99

Ladies of Song

This terrific collection includes over 70 songs associated with some of the greatest female vocalists ever recorded. Songs include: Cabaret • Downtown • The First Time Ever I Saw Your Face • God Bless' the Child • If I Were a Bell • My Funny Valentine • One for My Baby (And One More for the Road) • The Way We Were • and many more.
00311948................................. $19.99

The Best of Rodgers & Hammerstein

A capsule of 26 classics from this legendary duo. Songs include: Climb Ev'ry Mountain • Edelweiss • Getting to Know You • I'm Gonna Wash That Man Right Outta My Hair • My Favorite Things • Oklahoma • The Surrey with the Fringe on Top • You'll Never Walk Alone • and more.
00308210................................. $16.95

The Best Songs Ever – 8th Edition

Over 70 must-own classics, including: All I Ask of You • Body and Soul • Crazy • Fly Me to the Moon • Here's That Rainy Day • Imagine • Love Me Tender • Memory • Moonlight in Vermont • My Funny Valentine • Piano Man • Satin Doll • Tears in Heaven • A Time for Us • What a Wonderful World • When I Fall in Love • You Are So Beautiful • and more.
00359224................................. $24.99

Torch Songs – 2nd Edition

Sing your heart out with this collection of 59 sultry jazz and big band melancholy masterpieces, including: Angel Eyes • Cry Me a River • I Can't Get Started • I Got It Bad and That Ain't Good • I'm Glad There Is You • Lover Man (Oh, Where Can You Be?) • Misty • My Funny Valentine • Stormy Weather • and many more! 224 pages.
00490446................................. $17.99

HAL•LEONARD®
www.halleonard.com

0218